CWESTIYNU POPETH!

RILY

CWESTIYNU POPETH!

Ysgrifennwyd gan
Susan Martineau

Dylunio ac arluno
Vicky Barker

Addasiad gan **Llinos Dafydd**

CYNNWYS

RILY

www.rily.co.uk

Cyhoeddwyd gan Rily Publications Ltd 2022. ISBN 978-1-80416-241-5 Hawlfraint yr addasiad © Rily Publications Ltd 2022.
Hawlfraint y testun © b small publishing ltd. Cedwir pob hawl. Ni chaniateir atgynhyrchu, storio na throsglwyddo'r cyhoeddiad hwn heb ganiatâd ysgrifenedig. Ni chaniateir i unrhyw ran o'r cyhoeddiad hwn gael ei atgynhyrchu, ei storio mewn system adferadwy na'i drosglwyddo mewn unrhyw ffurf na thrwy unrhyw ddull electronig, mecanyddol, llungopïo, recordio na fel arall heb ganiatâd ymlaen llaw gan y cyhoeddwyr. Cyhoeddwyd gyntaf yn Saesneg yn 2020 dan y teitl *Question Everything!* gan b small publishing ltd.
Rily Publications Ltd, Blwch Post 257, Caerffili CF83 9FL www.rily.co.uk
Argraffwyd ym Malta. Mae'r cyhoeddwr yn cydnabod cefnogaeth ariannol Cyngor Llyfrau Cymru

Drysfa o Wybodaeth

Mae gwybodaeth yn cael ei thaflu aton ni bob dydd o bob cyfeiriad!

Mae ym mhob man, o'r cyfryngau cymdeithasol i'r sloganau ar gefn bysiau.

Mae'r blaned **eich angen CHI!**

TRYCHINEB!
CORWYNT YN LLADD CANNOEDD AR YNYS!

AR Y BÊL!

Noddwyd

Pawen lawen!
Sut i gael y ci anwes mwyaf swanc!

 Gweithgaredd

Sut wyt ti'n teimlo pan wyt ti'n darllen neu'n clywed gwybodaeth neu straeon newyddion?

 Ofnus   **Gofidus**   **Hapus**

 Dryslyd   **Chwilfrydig**   **Blin**

Gall gwybodaeth fod yn ddefnyddiol ac yn ddiddorol iawn. Mae dysgu ffeithiau am ein byd yn bwysig iawn. Gall ein helpu i ddeall pethau anhygoel, gwneud penderfyniadau gwybodus a chadw ein hunain a phobl eraill yn ddiogel.

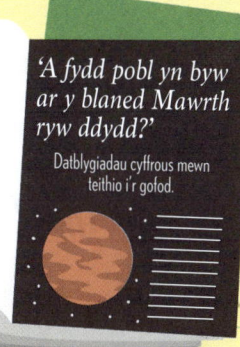

'A fydd pobl yn byw ar y blaned Mawrth ryw ddydd?'

Datblygiadau cyffrous mewn teithio i'r gofod.

Dysgwch iaith dramor mewn 6 WYTHNOS!

FFILM ORAU'R FLWYDDYN! ★★★★★

GEIRIADUR DEINOSORIAID
A – Y o bob un sy'n hysbys hyd yn hyn!

GOFYN CWESTIYNAU

Sut allwn ni ddod o hyd i'n ffordd trwy'r ddrysfa wybodaeth hon i ddarganfod ffeithiau gwir a chytbwys? Sut allwn ni sicrhau nad ydyn ni'n dysgu nac yn rhannu gwybodaeth nad yw'n wir?

EDRYCH

DARLLEN

GWIRIO FFEITHIAU

GWRANDO

MEDDWL DROSOT DY HUN

Nid pwerau hudol mo'r rhain. Gall **PAWB** wneud hyn!

Gair i'w Gofio

CYFRYNGAU CYMDEITHASOL: gwefannau, apiau a blychau sgwrsio mewn gemau lle gallwch chi rannu lluniau, fideos a negeseuon.

Yn y Newyddion!

Mae straeon newyddion yn cael eu sgrifennu a'u rhannu mewn sawl ffordd wahanol. Mae'r un stori'n gallu edrych yn wahanol iawn gan ddibynnu pwy sydd wedi'i sgrifennu.

ANGHENFIL ANGAU!

Llofrudd ar draeth paradwysaidd

"Does neb yn ddiogel," meddai un tyst ofnus i'r ymosodiad dychrynllyd gan siarc.

Ymosodiad siarc yn achosi anaf i syrffiwr

Mae Clwb Syrffio Traeth Paradwys wedi cadarnhau bod siarc mawr wedi ymosod ar un o'i aelodau ddoe. Mae'r syrffiwr yn fyw, ond collodd ran o'i fraich wrth iddo gwffio'r bwystfil.

ADRAN ASTUDIO'R MOROEDD

Y newyddion diweddaraf

Gallwn gadarnhau bod siarc ynghlwm â'r digwyddiad ddoe. Prin mae siarcod yn ymosod ar bobl. Mae'n bosib fod y siarc wedi drysu rhwng y syrffiwr a morlo, ei ysglyfaeth arferol.

?!?

Sut mae'r gwahanol fersiynau hyn o'r stori'n gwneud i ti deimlo?

4

Pwy sy'n sgrifennu'r newyddion?

Weithiau, bydd straeon yn cael eu sgrifennu gan lygad-dystion, sef pobl oedd yno ar y pryd. Mae newyddiadurwyr yn ymchwilio i ddigwyddiadau ac yn adrodd arnyn nhw. Weithiau, bydd arbenigwyr yn sylwebu ar y straeon.

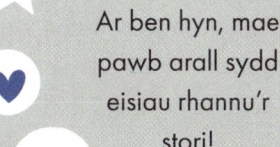

Ar ben hyn, mae pawb arall sydd eisiau rhannu'r stori!

A yw stori newyddion yn llawn

FFEITHIAU

neu

THEORÏAU?

sef fod y sgrifenwyr wedi gwirio ffeithiau am y digwyddiad yn drylwyr. Byddan nhw wedi siarad â llygad-dystion dibynadwy ac arbenigwyr ar y pwnc.

sef fod y sgrifenwyr wedi cynnwys eu theori, neu eu damcaniaeth, eu hunain am yr hyn a ddigwyddodd. Gallai fod yn seiliedig ar ffeithiau, ond barn y sgrifenwyr yw hi yn y bôn.

Gweithgaredd

Sgrifenna stori newyddion. Galli di sgrifennu am ddigwyddiad rwyt ti wedi'i weld. Gofyn i dy ffrindiau i'w darllen. Sut mae'n gwneud iddyn nhw deimlo?

Geiriau i'w Cofio

DIBYNADWY: rhywun neu rywbeth y galli di ymddiried ynddo neu ei gredu.

ARBENIGWYR: pobl sydd wedi astudio pwnc ac sydd â llawer o wybodaeth wych amdano.

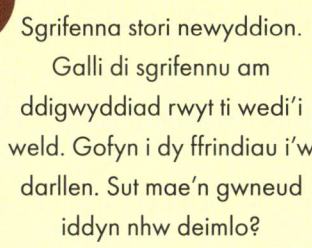

Tyrchu am y Ffeithiau

Sut ydych chi'n asesu gwirionedd yr hyn rydych chi'n ei ddarllen?
Ymhle'r ydych chi'n chwilio am y ffeithiau am bwnc rydych chi'n ymchwilio iddo?

Gwiria'r termau chwilio sydd wedi'u <u>tanlinellu</u>. Efallai fyddi di'n meddwl am rai eraill hefyd.

Bro a Bywyd Trist y Pangolin

Mae'r <u>pangolin</u> yn edrych fel mochyn coed byw. Mae wedi <u>addasu</u> mewn ffordd ryfeddol i'w <u>gynefin</u>.
Mae 8 <u>rhywogaeth</u> o'r pangolin yn y byd. Mae'n cael ei hela am ei gennau a'i gig ac mae mewn perygl o <u>ddifodiant</u>.

?!?

Pa mor annibynnol a dibynadwy yw gwefannau? A yw'r cyfeiriad ar frig y dudalen yn edrych yn gredadwy?

Os oes ffenestri naid amheus yn ymddangos ar dy sgrin, bydd yn ddrwgdybus! Mae termau fel 'hysbysebwr', 'noddwyr' a 'hyrwyddo' yn golygu y gall y wybodaeth fod yn unochrog neu'n rhagfarnllyd am fod rhywun wedi talu amdani.

Ceisia osgoi cadarnhau dy ragfarn dy hun! Hynny yw, gwiria os wyt ti'n chwilio am ffeithiau neu esboniadau sy'n ategu'r wybodaeth neu'r farn sydd eisoes gen ti.

LLYFRAU GWYBODAETH

Ewch i bori yn y termau chwilio sydd mewn mynegai yng nghefn llyfrau.

GWEFANNAU

Pa fath o wefan fydd y mwyaf defnyddiol a dibynadwy?

Dewisa'r wefan fwyaf addas ar gyfer pwnc dy brosiect ymchwil, er enghraifft, yn achos anifeiliaid, edrych ar wefannau gan sŵau, amgueddfeydd natur neu sefydliadau cadwraeth.

Gwiria dy ffeithiau drwy bori sawl llyfr a gwefan gwahanol.

YDYN NHW'N ATEGU EI GILYDD?

Cadwa nodiadau manwl am y ffynonellau

LLE BUEST TI'N YMCHWILIO.

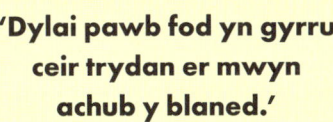

Gweithgaredd

'Dylai pawb fod yn gyrru ceir trydan er mwyn achub y blaned.'

Gwna waith ymchwil i'r ffeithiau am geir trydan. Gallet ti hefyd gynnal dadl gyda ffrind am y datganiad uchod. Gall un ohonoch fod 'o blaid' a'r llall 'yn erbyn' y datganiad. Gwrandewch ar eich gilydd yn ofalus.

Geiriau i'w Cofio

ATEGU: cadarnhau datganiad neu ddamcaniaeth trwy ddod o hyd i wybodaeth sy'n ei gefnogi neu'n ei atgyfnerthu.

ANNIBYNNOL: yn rhydd o unrhyw ddylanwad neu reolaeth.

Ffeil Ffradach

Pan fydd rhywbeth ofnadwy yn digwydd, fel daeargryn, llifogydd neu ffrwydrad folcanig, mae'n bwysig gofyn cwestiynau i ddarganfod yr holl ffeithiau.

Y Mynydd Ffrwydrol

Llosgfynydd yn UDA yw Mount St Helens. Ar 18 Mai 1980, achosodd daeargryn enfawr dirlithriad anferth. Eiliadau wedyn, ffrwydrodd ochr ogleddol y llosgfynydd. Tasgodd creigiau a nwyon enbyd o boeth allan o'r llosgfynydd, ynghyd â phluen enfawr o ludw.

57 o bobl wedi marw.
Miloedd o anifeiliaid wedi'u lladd.
Dinistrio 200 o gartrefi.

Datganiad llygad-dyst

'Gwibiodd creigiau drwy'r goedwig, gan fownsio oddi ar y coed. Yna, rhwygwyd topiau'r coed i ffwrdd. Aeth hi'n boeth yn syth, yna'n grasboeth ac yn amhosib anadlu.'

Jim Scymanky, coediwr a ddaeth drwy'r profiad.

Penawdau papurau newydd

LLOSGFYNYDD YN FFRWYDRO!
ST. HELENS YN LLADD!

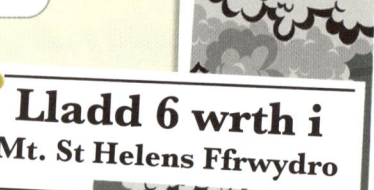

Lladd 6 wrth i
Mt. St Helens Ffrwydro

Nifer y meirw bellach yn 17

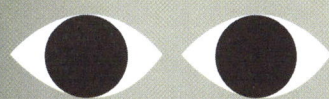

Mae tystiolaeth llygad-dystion yn ffynhonnell **GYNRADD**. Caiff ei sgrifennu gan bobl oedd yn bresennol. Ond mae'n dal yn bwysig i wirio'u datganiadau (gweler tudalennau 12–13).

Mae straeon papur newydd yn ffynonellau **EILRADD**. Mae'r newyddion gorau yn seiliedig ar ffynonellau dibynadwy, fel y bobl oedd yno a'r arbenigwyr sy'n ymchwilio i'r ffeithiau.

Ymchwiliadau arbenigol

Gwyddonwyr sy'n astudio llosgfynyddoedd yw llosgfynyddwyr. Bu'r arbenigwyr hyn yn holi'r llygad-dystion. Roedd hyn yn help i'r gwyddonwyr ddeall beth ddigwyddodd yn ystod y ffrwydrad, sy'n hanfodol i'r broses o ddarogan ffrwydradau sydd i ddod.

Gweithgaredd

Dychmyga fod yn llosgfynyddydd yn ymchwilio i'r trychineb. Beth fyddet ti'n ei ofyn i rywun sydd wedi goroesi'r ffrwydrad?

Gair i'w Gofio

FFYNHONNELL: rhywun neu rywbeth sy'n rhoi gwybodaeth.

Gall y newyddion fod yn ddryslyd a chodi braw arnon ni.
Ond nid yw pob stori'n gwbl wir. Weithiau, mae'n hollol ffug!

YSGOL AR GAU!
PLA LLYGOD ANFERTH!!!

?!?

Oes llygod anferth drwy'r adeilad cyfan? Ydy 'anferth' yn sôn am faint y pla neu maint y llygod? Mae'r newyddion yn rhannol wir, ond mae'r ffordd y cafodd ei sgrifennu'n gwyrdroi'r gwir.

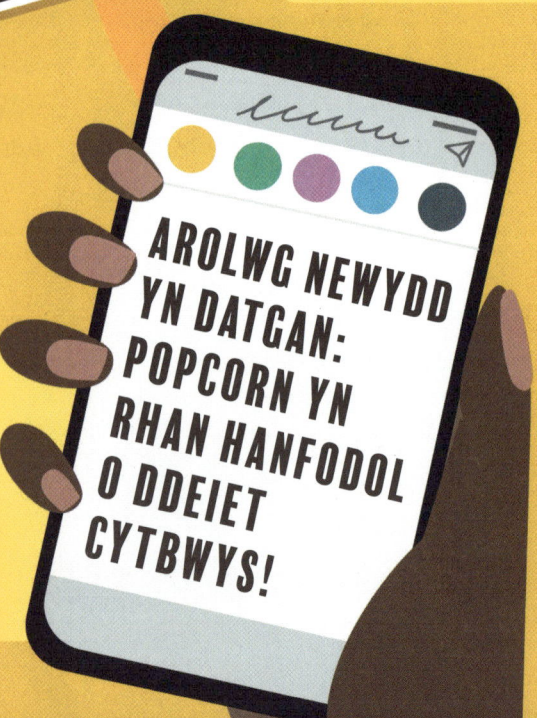

AROLWG NEWYDD YN DATGAN: POPCORN YN RHAN HANFODOL O DDEIET CYTBWYS!

?!?

A yw hyn yn swnio'n rhy dda i fod yn wir? Pwy wnaeth yr arolwg? Cwmni popcorn neu arbenigwyr deietegol neu feddygol annibynnol?

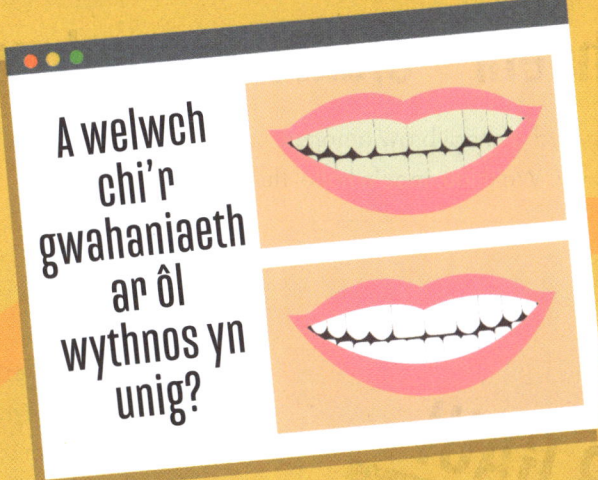

A welwch chi'r gwahaniaeth ar ôl wythnos yn unig?

?!?

A yw'r lluniau neu'r fideos wedi'u golygu a'u newid? A yw'n bosib ymddiried yn ffynhonnell y delweddau?

Gweithgaredd

Dywed dair ffaith wrth rywun. Gofyn iddyn nhw eu dweud wrth dri pherson arall. Yna, gofyn i'r bobl hyn adrodd y ffeithiau wrthot ti. A yw'r ffeithiau'n dal yr un fath?

NEWYDDION FFUG
Gall hwn ledu fel tân gwyllt. Paid â rhannu newyddion os nad wyt ti'n siŵr ei fod yn wir.

GOFYN I DY HUN
A yw hyn yn wir? O ble daeth y stori? Ai **TWYLLWYBODAETH**? yw hi? Pwy sy'n ei lledaenu ac a alli di ymddiried ynddyn nhw?

Newyddion Ffug FFUG!
Weithiau, mae pobl yn achwyn bod rhywbeth yn 'newyddion ffug' am nad ydyn nhw'n hoffi'r stori!

Geiriau i'w Cofio

GWYRDROI: newid rhywbeth i wneud iddo ymddangos yn wahanol neu hyd yn oed yn anwir.

TWYLLWYBODAETH: gwybodaeth ffug sy'n cael ei lledaenu'n fwriadol i ddrysu pobl neu guddio'r gwir.

Adnabod Newyddion Ffug

Dere o hyd i stori rwyt ti'n amau o fod yn newyddion ffug.
Sut alli di ddweud a yw'n ffug, yn wir neu yn rhywle yn y canol?

?!?

PWY

sy'n sgrifennu'r newyddion?
Gwiria pwy sydd wrthi'n rhannu
neu'n sgrifennu. Ydyn nhw'n
arbenigwyr? Oedden nhw'n
llygad-dyst?

PAM

maen nhw'n ei sgrifennu?
Ydyn nhw'n ceisio
dylanwadu ar dy deimladau
neu dy ymddygiad?

PRYD

gafodd ei sgrifennu?
Ai hen stori ar ffurf
newydd yw hi?

GOFAL

am lefelau
FFUGIO.

Celwydd, celwydd, celwydd!

Maen nhw'n niweidiol os
ydyn nhw'n gwneud i bobl
frifo'u hunain neu eraill.

Twyll a jôcs

Maen nhw'n hwyl os yw hi'n
HOLLOL glir nad ydyn nhw'n
wir, nac yn greulon i eraill.

Adrodd rhagfarnllyd neu gamarweiniol

Cyflwyno dim ond un ochr o
ddadl neu bwnc.

MEDDYLIA DROSOT DY HUN!

Bydd yn ddarllenydd neu'n wyliwr critigol. Gwiria'r ffeithiau'r tu ôl i'r hyn rwyt ti'n ei ddarllen neu'n ei wylio.

Croeswiria nhw mewn nifer o lefyddd (gweler tudalennau 6–7 am wybodaeth bellach).

Ddim Wir yn Ffug – Ond Wedi'i Sgrifennu'n Wael!

Nid yw rhai straeon yn fwriadol ffug. Efallai mai safon yr ymchwil a'r sgrifennu sy'n wael. Gallai'r ffeithiau dan sylw fod wedi eu hadrodd ar gam neu fod yn anghyflawn.

Gweithgaredd

Dewis dy arbenigwr! Ceisia baru'r arbenigwr gwyddonol â'r stori.

1. Seryddydd

2. Meteorolegydd

3. Paleontolegydd

A. Asteroid anferthol yn hedfan heibio'r Ddaear!

B. Esgyrn deinosor newydd: darganfyddiad y ganrif?

C. Tywydd mawr yn dod ag anhrefn!

Atebion: 1.A.; 2.C.; 3.B.

Geiriau i'w Cofio

GWIRIO: gwneud yn siŵr fod rhywbeth yn wir neu'n gywir.

MEDDWL CRITIGOL: ffordd o feddwl a darllen yn ofalus i gadarnhau ffeithiau.

13

Taclo'r Drosedd!

Beth fyddet ti'n ei ofyn taset ti'n gweithio fel ditectif ar achos?
Rhaid i ymchwilwyr trosedd fod yn arbennig o dda am ddarganfod ffeithiau gwir.

LLADRAD GERDDI HATTON

Yn 2015 fe wnaeth lladron ddrilio twll enfawr trwy wal goncrit daeargell yng Ngerddi Hatton, canolbwynt gwerthwyr gemau yn Llundain. Cipiwyd gwerth miliynau o bunnoedd o aur, arian parod, diemwntau a gemwaith.

?!? BLE DIGWYDDODD Y LLADRAD?

GERDDI HATTON

LLUNDAIN

Y DEYRNAS UNEDIG

?!? PRYD DIGWYDDODD Y DROSEDD?

Rhwng 3 a 5 Ebrill 2015

?!? PWY FUODD WRTHI?

Roedd y prif ladron dan amheuaeth yn hysbys i'r heddlu, a rhai yn eu 60au a'u 70au. Arweinydd y gang oedd Brian Reader; llysenw: 'Y Meistr'.

💬 BETH OEDD Y DYSTIOLAETH?

Dril mawr wedi'i adael yn y ddaeargell, ond dim olion bysedd arno.

Roedd fideo cylch cyfyng o'r strydoedd ger llaw wedi recordio'r gang ac un o'u ceir.

Diffoddwyd y teledu cylch cyfyng gan y gang.

Troseddwr hysbys o'r enw Kenny Collins oedd biau'r car.

GWYLIADWRAETH Y DITECTIFS

Dilynodd yr heddlu Kenny Collins. Arweiniodd e nhw at Brian Reader a'r lleill oedd dan amheuaeth.

Gosododd y ditectifs ddyfeisiau gwrando mewn dau o'u ceir a'u clywed yn trefnu symud yr ysbail. Roedd hefyd yn bosib tracio ffonau'r lladron. Helpodd hyn yr heddlu i fapio eu symudiadau.

ARESTIADAU!

Gweithgaredd

Chwilia am hanes trosedd arall. Cadwa nodiadau gofalus ac yna creu dy ffeil achos dy hun.

Geiriau i'w Cofio

GWYLIADWRAETH: gwylio unigolyn neu leoliad yn fanwl dros gyfnod.

TELEDU CYLCH CYFYNG: enw arall ar CCTV.

Rhesymu gyda Rhifau

Gall rhifau fod yn ffordd wych o ddangos gwybodaeth.
Gallan nhw ein helpu i ddeall neu gymharu ffeithiau am y byd.

Mae ffeithluniau yn ffordd dda o egluro ffeithiau gyda rhifau.

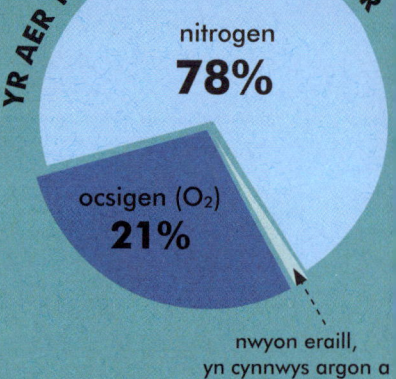

YR AER YN ATMOSFFER Y DDAEAR

nitrogen
78%

ocsigen (O$_2$)
21%

nwyon eraill,
yn cynnwys argon a
charbon deuocsid (CO
1%

Gall galago
(*bush baby*)
neidio hyd at
**2.25 metr
(7.38 troedfedd)**.

Mae hyn fel
person yn
neidio dros
**2 fws
deulawr**.

Mae rhifau **MAWR**
yn ddryslyd ac yn
anodd eu deall a'u
dychmygu.

2.1 BILIWN O BOBL Y BYD YN BYW HEB DDŴR YFED GLÂN GARTREF

A oes ffordd haws o
egluro neu ddangos
rhif mor fawr?

Mae tua **3** o bob **10** o bobl yn y byd
yn byw heb ddŵr yfed glân.

Beth taset ti'n gweld bod 300 o bobl wedi ennill gwobr? Mae angen gwybod mwy am y nifer a ymgeisiodd.

300 ENILLYDD!

Gwiria gyd-destun y rhif
⬇
y darlun ehangach!

Mae hefyd yn bosib camddefnyddio rhifau i wneud i ni deimlo neu ymddwyn mewn ffordd benodol. Mae rhai rhifau'n ddefnyddiol, ond eraill ddim!

?!?

Beth wyt ti'n ei feddwl a'i deimlo wrth ddarllen y rhifau hyn?

Rhifau i dy ddenu i brynu pethau …

Rhifau i ddenu pleidleisiau …

Rhifau i dy brocio i wneud rhywbeth defnyddiol …

80% o ddeintyddion yn argymell Past ar Hast!

PAST AR HAST

'6 biliwn o lyfrau i ysgolion!' medd y Blaid Wybodus

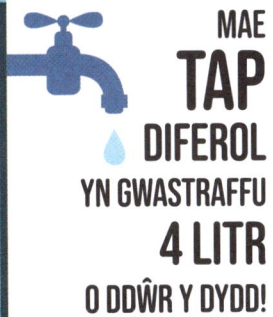

MAE **TAP** DIFEROL YN GWASTRAFFU **4 LITR** O DDŴR Y DYDD!

Gweithgaredd

Hola faint o ieithoedd sy'n cael eu siarad yn dy ddosbarth. Gwna dy ffeithlun dy hun i ddangos y wybodaeth hon.

Gair i'w Gofio

FFEITHLUN: ffordd o drosglwyddo gwybodaeth drwy ddefnydd lluniau, geiriau a rhifau.

Datrys Dirgelwch

Weithiau, dyw hi ddim yn bosib gwybod y gwir y tu ôl i stori – am y tro!
Y peth gorau gallwn ni ei wneud yw creu damcaniaeth a allai egluro dirgelwch.

WYNEBAU YN Y LLAWR

Yn 1971 ymddangosodd marciau rhyfedd ar lawr tŷ yn Bélmez, Sbaen. Roedden nhw'n union fel wynebau. Dros y blynyddoedd nesaf, roedden nhw'n diflannu ac yna'n dychwelyd. Ai wynebau pobl fu'n byw yn y tŷ flynyddoedd yn ôl oedden nhw, neu rhai ffug?

MELLTITH TUTANKHAMEN

Darganfuwyd beddrod y Pharo Tutankhamen o'r Hen Aifft yn 1922 gan Arglwydd Caernarfon a Howard Carter. Bu farw Arglwydd Caernarfon a nifer o bobl eraill a aeth i mewn i'r beddrod mewn amgylchiadau amheus. Ai melltith ysbryd blin y Pharo marw oedd ar waith?

DOPPELGÄNGER, NEU YSBRYDION Y BYW

Wyt ti erioed wedi gweld dy hun yn cerdded ar hyd y stryd? Roedd Goethe, awdur enwog o'r Almaen, yn siŵr iddo gwrdd â'i union 'ddwbl' tra oedd yn marchogaeth un diwrnod. A oes union gopi ohonot ti yn rhywle? Ai math o freuddwyd ryfedd yw hyn, neu arwydd dy fod ar fin gadael y byd?

Mae llunio **FFEIL ACHOS** yn ddefnyddiol ...

 Beth yw canfyddiadau'r ymchwiliadau hyd yn hyn?

EDRYCH ar y dystiolaeth a

DARLLEN tystiolaeth llygad-dystion.

MEDDYLIA DROSOT DY HUN!

Bydd mor wrthrychol â galli di; hynny yw, seilio dy ganfyddiadau ar ffeithiau cymaint â phosibl. Gyda straeon arswyd neu ddirgelwch, mae'n hawdd ymateb yn emosiynol neu'n oddrychol.

YMCHWILIA i'r damcaniaethau mwyaf tebygol.

 **Gweithgaredd**

Llunia dy ffeil achos dy hun ar gyfer un o'r dirgelion hyn neu stori ryfedd arall rwyt ti wedi ei chlywed. Efallai fyddi di hyd yn oed yn datrys y dirgelwch!

 Lleoliad

 Y dioddefwyr

 Amser

 Prif theorïau

 Disgrifiad

 Cliwiau

 Lluniau neu fideos

Geiriau i'w Cofio

GWRTHRYCHOL: peidio cael dy ddylanwadu gan deimladau neu farn bersonol.

GODDRYCHOL: y gwrthwyneb i hyn!

19

Geiriau Mawr a Phenawdau Brawychus

Gall rhai o'r geiriau a ddefnyddir yn y newyddion wneud i bopeth swnio'n ddychrynllyd neu'n anghredadwy. Gall hyd yn oed y ffordd maen nhw'n edrych roi braw i ni.

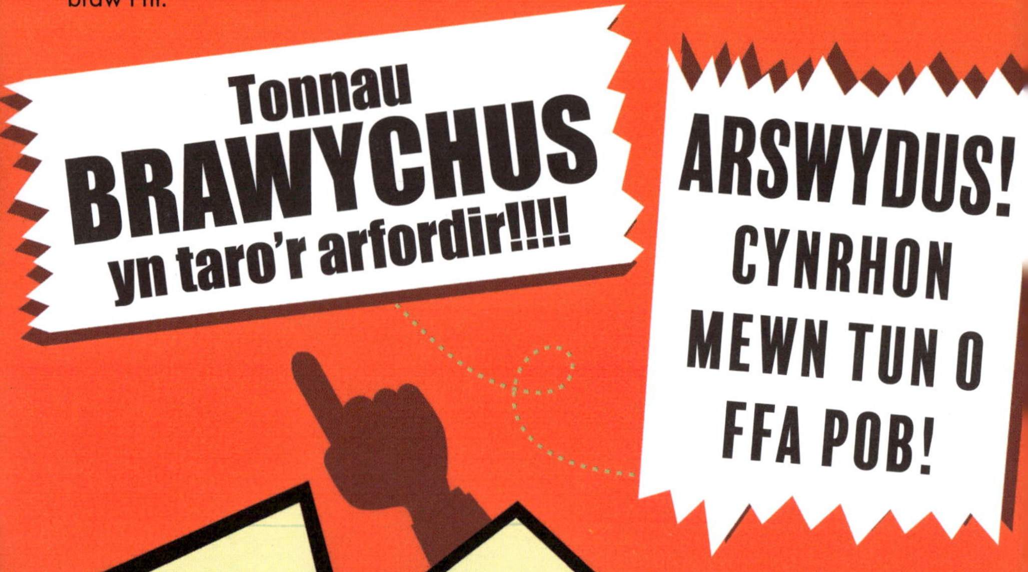

Tonnau
BRAWYCHUS
yn taro'r arfordir!!!!

ARSWYDUS!
CYNRHON
MEWN TUN O
FFA POB!

Dyrnwch

Drwy'r

Dwli!!

Mae geiriau'n bwerus ac mae angen eu defnyddio'n ofalus. Os yw geiriau'n gor-ddweud neu'n gorliwio digwyddiad, mae fel petai rhywun wedi troi'r sain yn rhy uchel ac ry'n ni'n methu clywed y ffeithiau drwy'r holl sŵn.

 Gofyn i dy hun pam rwyt ti eisiau clicio ar rai straeon?

20

Ymateb ANHYGOEL ar y cae wedi gôl WYRTHIOL!

HUNLLEF GWERSYLLA AR ÔL GWELD BWYSTFIL YN Y GOEDWIG!

?!? Sut mae'r geiriau hyn yn gwneud i ni deimlo?

Cofia nad yw pob newyddion yn newyddion drwg. Mae newyddion da i'w gael hefyd!

Darganfod crwban enfawr yn y Galapagos ar ôl canrif ar goll

 Gweithgaredd

Alli di ailsgrifennu'r penawdau uchod mewn geiriau llai brawychus neu dros ben llestri? Pa eiriau sydd angen eu newid?

 Llywodraethau'n gwahardd plastig un-tro

Gair i'w Gofio

GORLIWIO: defnyddio geiriau neu arddull sgrifennu dramatig i syfrdanu neu gyffroi pobl.

Ffeithiau'n Newid a Hen Newyddion

Mae ffeithiau a newyddion yn newid a dyddio. Gall hen newyddion fod yn fath o newyddion ffug neu wybodaeth ar gam. Paid â rhannu cyn gwirio!

Gweithgaredd

Defnyddia dy sgiliau i ddod o hyd i'r atebion mwyaf cyfredol i'r cwestiynau hyn:

Pwy sy'n dal record y byd am y sbrint 100-metr cyflymaf?

Ble mae'r adeilad talaf yn y byd?

Faint o bobl sydd ar ein planed?

Pa un fu'r ddaeargryn fwyaf marwol hyd yn hyn?

Sawl gorila mynydd sydd yn y byd?

Bydd y ffeithiau hyn yn newid eto!

YMCHWILIA

i wybodaeth gan ddefnyddio gwyddoniadur ar-lein a gwefannau addysgiadol i fyfyrwyr.

EDRYCH

ar wefannau sefydliadau uchel eu parch fel prifysgolion ac amgueddfeydd.

DARLLEN

lyfrau gwybodaeth

Llyfrau **FFEITHIOL** .

GWIRIA ddyddiadau'r ffynonellau rwyt ti'n eu defnyddio, fel gwefannau, tudalennau gwe neu bostiadau blog ...

Nifer y gorilas yn y gwyllt yn cynyddu!
Cyhoeddwyd 9 Awst 2020 gan George O'Rila
Rhannu ›

Nifer y gorilas yn y gwyllt yn gostwng.
Cyhoeddwyd 3 Mawrth 2017 gan George O'Rila
Rhannu ›

... a dyddiadau cyhoeddi llyfrau hefyd.

Tudalen yr orgraff (ar ddechrau llyfr fel arfer)

LLYFR ANHYGOEL Y GORILAS

Cyhoeddwyd gan Llyfrau Anhygoel Cyf.
www.anhygoel.cymru
© Llyfrau Anhygoel Cyf. 2021

Dyddiad y cyhoeddiad cyntaf

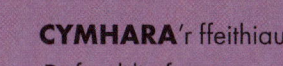

CYMHARA'r ffeithiau. Defnyddia fwy nag un ffynhonnell wybodaeth.

DIWEDDARA'r ffeithiau. Os wyt ti'n gweld ffeithiau gwych mewn hen lyfr, chwilia ar y rhyngrwyd am y fersiynau mwyaf diweddar.

Gair i'w Gofio

GWYBODAETH AR GAM: gwybodaeth anghywir neu anwir sy'n cael ei lledaenu'n fwriadol neu'n anfwriadol.

23

Bydd Hyn yn Newid Eich Bywyd!

Bob dydd, rydyn ni'n gweld hysbysebion ar gyfer pob math o bethau. Mae'n anodd eu hanwybyddu. Weithiau rydyn ni eisiau, neu hyd yn oed angen, y pethau sy'n cael eu cynnig, ond ddim bob amser.

ANTUR I BAWB ROWND Y GORNEL!

PAM AROS OS WYT TI'N LLWGLYD NAWR? NAWR BAR NAWR?

Cer â darn o hud adref i'w gadw

AM BYTH!

Casgla bob un!

Mewn sinemâu nawr

?!?

Pam ydw i'n gweld yr hysbysebion hyn?

Mae cwmnïau'n talu i ddangos hysbysebion i ni. Mae hysbysebion ar-lein yn ymddangos oherwydd hanes ein chwilio ar-lein fel ap neu wefan neu wrth chwarae gêm. Mae fel gadael ôl troed sy'n dangos lle rydyn ni wedi bod ar y rhyngrwyd a beth rydyn ni'n ei hoffi.

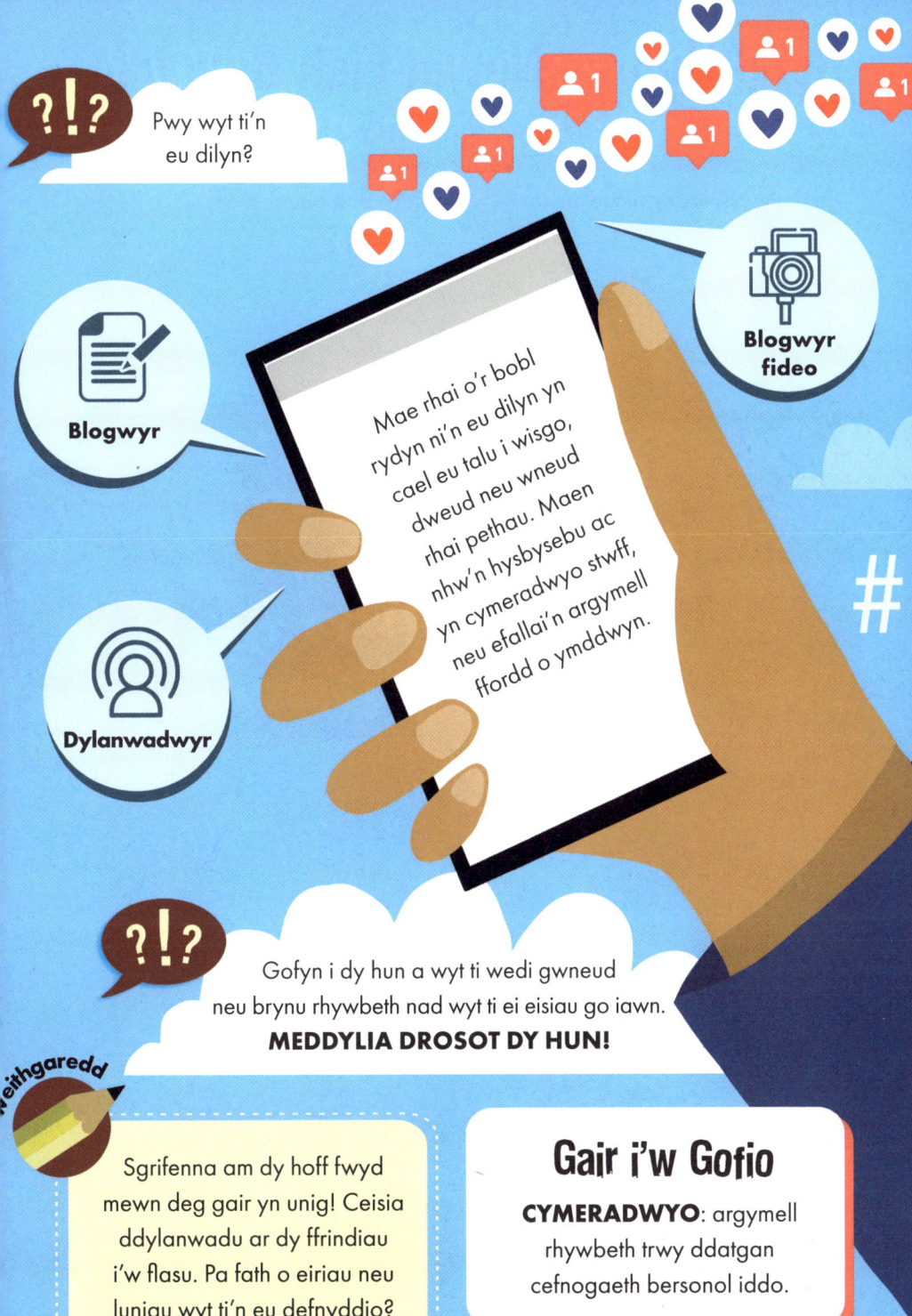

?!? Pwy wyt ti'n eu dilyn?

Blogwyr

Blogwyr fideo

Dylanwadwyr

Mae rhai o'r bobl rydyn ni'n eu dilyn yn cael eu talu i wisgo, dweud neu wneud rhai pethau. Maen nhw'n hysbysebu ac yn cymeradwyo stwff, neu efallai'n argymell ffordd o ymddwyn.

#

?!? Gofyn i dy hun a wyt ti wedi gwneud neu brynu rhywbeth nad wyt ti ei eisiau go iawn. **MEDDYLIA DROSOT DY HUN!**

Gweithgaredd

Sgrifenna am dy hoff fwyd mewn deg gair yn unig! Ceisia ddylanwadu ar dy ffrindiau i'w flasu. Pa fath o eiriau neu luniau wyt ti'n eu defnyddio?

Gair i'w Gofio

CYMERADWYO: argymell rhywbeth trwy ddatgan cefnogaeth bersonol iddo.

Dy Eiriau Dy Hun

Pan fydd gen ti stori i'w sgrifennu,
mae nifer fawr o ffyrdd galli di ei chyflwyno.

POSTER

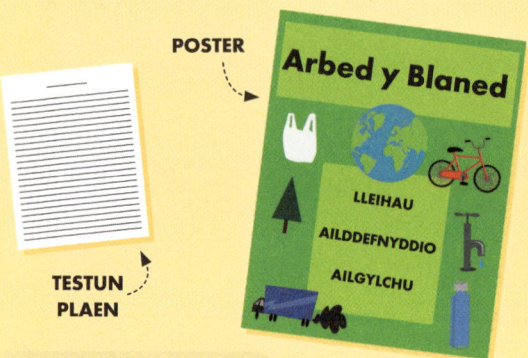

TESTUN PLAEN

LLINELL AMSER

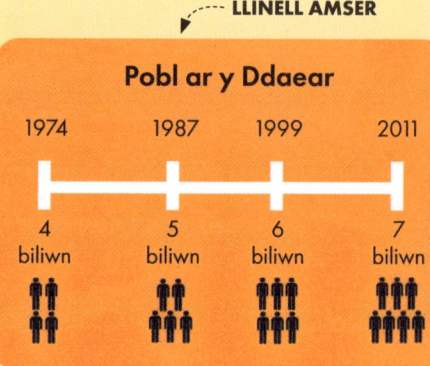

Pobl ar y Ddaear

1974	1987	1999	2011
4 biliwn	5 biliwn	6 biliwn	7 biliwn

Cylch Bywyd Banana

| Tyfu mewn lle poeth, trofannol | Casglu a phacio | Cludo | Aeddfedu | Cludo i siopau | Prynu a BWYTA! |

SIART LLIF

Gweithgaredd

GOFYN i ffrind neu berthynas adrodd stori am eu bywyd.

GWRANDA'n astud a nodi'r ffeithiau wrth iddyn nhw eu hadrodd.

Sgrifenna'n gywir a gwiria dy sillafu. Chwilia am eiriau newydd neu anodd mewn geiriadur print neu ar-lein. Yna **GWIRIA** (prawfddarllen) dy waith.

SLEIDIAU CYFLWYNO

Dod â'r Geiriau'n Fyw!

Y peth cyntaf i'w wneud yw ymchwilio i dy ffeithiau er mwyn eu gwirio. Yna, meddylia am y ffordd orau i'w cyflwyno. Gall dylunio da ddod â dy eiriau'n fyw a helpu darllenwyr i ddeall yr hyn rwyt ti'n ceisio'i egluro.

FIDEO

Paid â Chopïo a Gludo yn Unig!

Pan fyddi di'n ymchwilio i ffeithiau, sgrifenna bopeth yn dy eiriau dy hun. Galli di ddyfynnu o'r rhyngrwyd neu lyfr, ond dylai fod yn amlwg nad dy eiriau di ydyn nhw. Copïa'r geiriau yn **UNION** ac yn **GYWIR**, a nodi'r ffynhonnell.

MEDDYLIA'n ofalus wrth i ti sgrifennu. Cadw at y ffeithiau.

DARLLEN y stori i'r person. Sut maen nhw'n ymateb?

Gair i'w Gofio

DYFYNNU: defnyddio geiriau rhywun arall a nodi'r gwaith gwreiddiol.

Bydd yn Ddewr Ar-lein

Gall y rhyngrwyd fod yn ffordd wych o roi gwybod i bobl sut gallan nhw helpu eraill. Gall ddod â phobl at ei gilydd i wneud newidiadau cadarnhaol.

Wythnos cerdded i'r ysgol

Ymuna â ni!

CODI ARIAN I ELUSEN

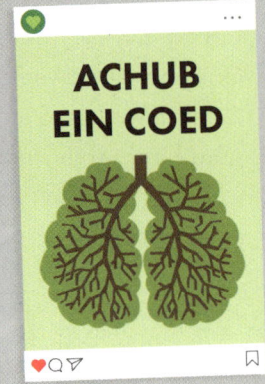

ACHUB EIN COED

OND beth os gweli di bethau creulon neu anwir amdanot ti dy hun neu dy ffrindiau ar-lein?

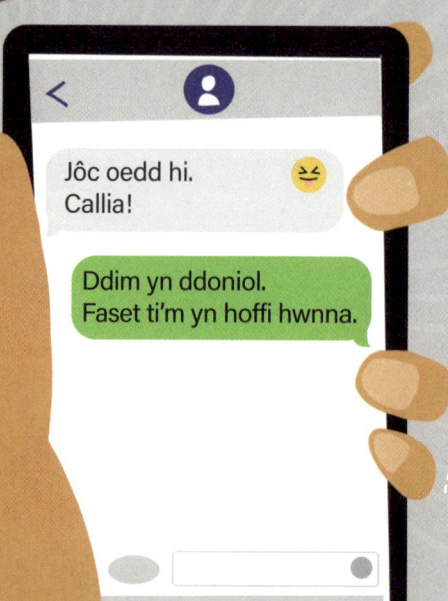

Jôc oedd hi. Callia!

Ddim yn ddoniol. Faset ti'm yn hoffi hwnna.

Gall dweud jôcs am rywun, neu bostio lluniau ohonyn nhw, frifo eu teimladau. Paid â phostio na rhannu os wyt ti'n gwybod byddai'n ypsetio rhywun.

Faset ti'n hoffi i rywun wneud hynny i ti?

Faset ti'n dweud hynny wyneb yn wyneb yn y byd go iawn?

Os nad yw rhywun yn cytuno â ti, dyw hynny ddim yn golygu galli di fod yn anghwrtais wrthyn nhw. Gwell camu'n ôl ac aros nes dy fod yn teimlo'n llai blin. Meddylia am y canlyniadau. A fydd cweryla ar-lein yn gwneud i unrhyw un deimlo'n hapus?

Curo'r Bwlis

Gall pobl sy'n dweud celwyddau neu ddweud pethau cas amdanot ti wneud i ti deimlo'n ofnadwy. Os ydyn nhw fel arfer yn ffrind, ceisia siarad â nhw am y peth. Os bydd y bwlio'n parhau, bydd angen i ti ofyn am help gan rywun rwyt ti'n ymddiried ynddo – brawd neu chwaer hŷn, rhiant, athro, athrawes neu ofalwr.

- Cofia nad oes unrhyw un yn haeddu cael ei fwlio, ac **NID** dy fai di yw e os yw'n digwydd i ti.

- Alli di ddim â rheoli beth mae bwli'n ei wneud ar-lein, ond galli di reoli'r ffordd rwyt ti'n ymateb iddo. Paid â gadael iddyn nhw dy reoli di!

(Gweler tudalen 31 am ragor o wybodaeth am aros yn ddiogel ar-lein.)

Rhan fach iawn o'r byd mawr yw'r byd ar-lein. Bydd yn ddewr a chael hoe ohono o bryd i'w gilydd. Meddwl drosot dy hun!

Gweithgaredd

Fe allet ti a dy ffrindiau gael parti gwisg ffansi o'r 1980au. Rhaid i bawb adael eu ffôn wrth y drws! **DIM** hunluniau!

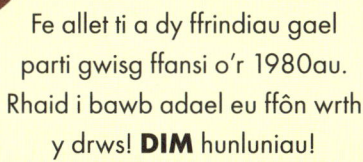

Gair i'w Gofio

CANLYNIADAU: pethau da neu ddrwg sy'n digwydd oherwydd rhywbeth sy'n cael ei wneud neu ei ddweud.

Geiriau i'w Cofio

annibynnol: yn rhydd o unrhyw ddylanwad neu reolaeth

arbenigwyr: pobl sydd wedi astudio pwnc ac sydd â llawer o wybodaeth wych amdano.

ategu: cadarnhau datganiad neu ddamcaniaeth trwy ddod o hyd i wybodaeth sy'n ei gefnogi neu'n ei gadarnhau.

camarwain: rhoi'r wybodaeth anghywir i rywun yn fwriadol.

canlyniadau: pethau da neu ddrwg sy'n digwydd oherwydd rhywbeth sy'n cael ei wneud neu ei ddweud.

CCTV: teledu cylch cyfyng. Math o wyliadwriaeth fideo.

cyd-destun: cefndir ehangach neu'r amgylchiadau'r tu ôl i ddigwyddiad neu ffaith a allai helpu i'w egluro.

cyfryngau cymdeithasol: (neu rwydweithiau cymdeithasol): gwefannau, apiau a blychau sgwrsio mewn gemau lle gallwch chi rannu lluniau, fideos a negeseuon.

cymeradwyo: argymell rhywbeth trwy ddatgan cefnogaeth bersonol iddo.

damcaniaeth: theori; barn mae rhywun yn ei ffurfio.

dibynadwy: rhywun neu rywbeth y galli di ymddiried ynddo neu ei gredu.

dyfynnu: defnyddio geiriau rhywun arall a nodi'r gwaith gwreiddiol.

dylanwad: cael y pŵer i effeithio ar bobl neu bethau eraill.

ffeithiol: gwybodaeth am bobl, digwyddiadau a phethau go iawn. Y gwrthwyneb i ffuglen (straeon dychmygol).

ffeithlun: ffordd o drosglwyddo gwybodaeth drwy ddefnydd lluniau, geiriau a rhifau.

ffynhonnell: rhywun neu rywbeth sy'n rhoi gwybodaeth.

goddrychol: cael dy ddylanwadu gan deimladau neu farn bersonol.

gorliwio: defnyddio geiriau neu arddull sgrifennu dramatig i syfrdanu neu gyffroi pobl.

gwirio: gwneud yn siŵr fod rhywbeth yn wir neu'n gywir.

gwrthrychol: peidio cael dy ddylanwadu gan deimladau neu farn bersonol.

gwybodaeth ar gam: gwybodaeth anghywir neu anwir sy'n cael ei lledaenu'n fwriadol neu'n anfwriadol.

gwyliadwraeth: gwylio unigolyn neu leoliad yn fanwl dros gyfnod.

gwyrdroi: newid rhywbeth i wneud iddo ymddangos yn wahanol neu hyd yn oed yn anwir.

llythrennedd critigol: y sgiliau i ddeall gwybodaeth a gwirio ei bod yn wir.

meddwl critigol: ffordd o feddwl a darllen yn ofalus i gadarnhau ffeithiau.

twyllwybodaeth: gwybodaeth ffug sy'n cael ei lledaenu'n fwriadol i ddrysu pobl neu guddio'r gwir.

Defnyddia'r gosodiadau preifatrwydd cryfaf posibl ar dy holl gyfryngau cymdeithasol a chyfrif gemau ar-lein. Gwiria nhw'n rheolaidd.

Cadw dy fanylion personol yn breifat: enw, cyfeiriad, rhif ffôn, ysgol, oedran, pen-blwydd, cyfrineiriau.

Paid â gadael teclynnau ar hyd y lle pan wyt ti wedi mewngofnodi i rwydweithiau cymdeithasol.

Cadw'n Ddiogel Ar-lein

Paid â chofrestru ar gyfer cyfrifon â therfyn oedran os nad wyt ti'n ddigon hen.

Os wyt ti'n derbyn negeseuon gan rywun dieithr, dangos nhw i riant neu ofalwr. Os yw'r anfonwyr yn anhapus â hyn, ymddygiad amheus ydy hwn; gwell torri pob cysylltiad.

Dieithriaid yw pobl nad wyt ti'n eu hadnabod ar-lein. Gall pob gair fod yn gelwydd. Os ydyn nhw eisiau cwrdd â ti go iawn, **PAID**.

Os wyt ti'n poeni neu'n ofnus, dwed wrth oedolyn dibynadwy. Mae dy deimladau'n bwysig iawn. Paid byth â bod ofn gofyn am help.

Dy Hawliau wrth Gwffio Newyddion Ffug

Yr hawl i ddod o hyd i'r gwir.

Yr hawl i gael ffeithiau cywir.

Yr hawl i gael dy amddiffyn rhag newyddion ffug.

Yr hawl i gwyno am newyddion ffug.

Yr hawl i newid dy feddwl.

Yr hawl i feddwl drosot dy hun.

GLYNA AT Y FFEITHIAU A PHAID Â'U RHANNU HEB FOD YN SIŴR OHONYN NHW!

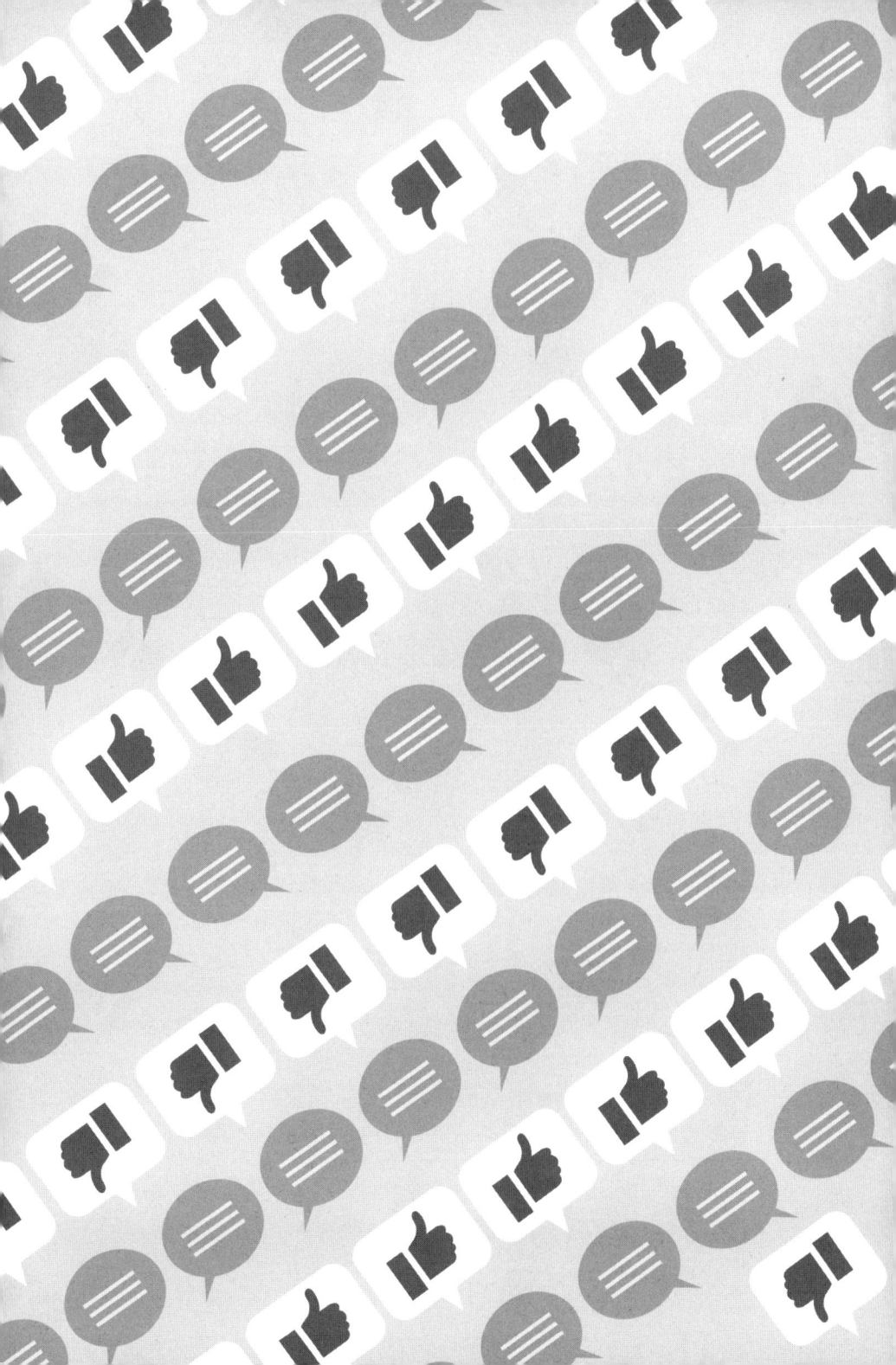

Ffeithiau Ffabiwlys!

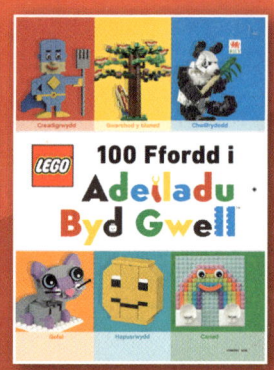

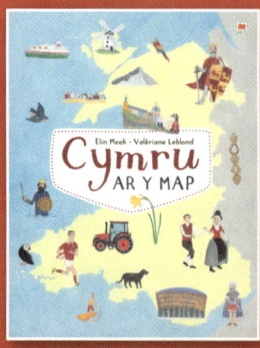

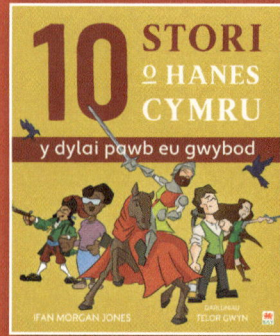

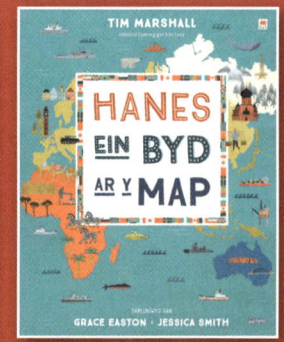